Inhalt

Ambulante medizinische Versorgung verändert sich - Hausärzte wehren sich gegen Medizinische Versorgungszentren

Kernthesen

Beitrag

Fallbeispiele

Zahlen und Fakten

Weiterführende Literatur

Impressum

Ambulante medizinische Versorgung verändert sich - Hausärzte wehren sich gegen Medizinische Versorgungszentren

Autor GENIOS BranchenWissen: A.Schneider

Kernthesen

- Medizinische Versorgungszentren mit einer Ärztegemeinschaft gewährleisten in immer mehr Städten eine ambulante Versorgung der Patienten unter einem Dach. Nahe niedergelassene Ärzte fürchten diese Konkurrenz.
- Krankenkassen unterstützen ihre Patienten

mit Call Center Programmen zur telefonischen Gesundheitsberatung und kontrolle. Die Hausärzte sehen sich in ihrer Position als erstem Ansprechpartner geschwächt.
- In der Diskussion, ob Deutschland einen Ärztemangel oder eine Ärzteschwemme hat, spielen Verteilungsgesichtspunkte zwischen Ost und West eine gravierende Rolle.

Beitrag

Immer mehr administrative Arbeit, immer weniger Geld und immer mehr Konkurrenz durch Medizinische Versorgungszentren und Call Center Programme der Krankenkassen - Hausärzte haben die Nase voll und drohen mit einer flächendeckenden Rückgabe ihrer Kassenzulassung.

Die bayerischen Hausärzte gehen auf die Barrikaden. Der bayerische Hausärzteverband, immerhin der größte der 17 Landesverbände in Deutschland, will erreichen, dass in möglichst vielen Bezirken mehr als 70 Prozent der 9 000 Hausärzte ihre Kassenzulassung bis Ende April zurückgeben. Auch Medi Baden-Württemberg wirbt zurzeit massiv für eine kollektive

Rückgabe der Kassenzulassung.
Ob dieses Ziel erreicht wird, ist fraglich. Dennoch ist es ein Alarmzeichen. Warum begehren die Hausärzte auf? Weshalb streben viele den Ausstieg aus dem Kollektivvertragssystem (KV) an?

Veränderungen in der ambulanten medizinischen Versorgung stoßen bei Ärzten auf geteiltes Echo

Die ambulante medizinische Versorgung in Deutschland ist im Wandel. Es gibt neue Versorgungs- und Kooperationsformen. So dürfen beispielsweise niedergelassene Ärzte Zweigpraxen in anderen Kommunen gründen und angestellte Mediziner beschäftigen. Diese Veränderung wird von den meisten Niedergelassenen begrüßt.

Die wachsende Zahl Medizinischer Versorgungszentren (MVZ) und das zunehmende Angebot ambulanter Leistungen durch Kliniken hingegen stößt nur bei wenigen niedergelassenen Ärzten mit freier Praxis auf Gegenliebe. Auch Selektivverträge zwischen Krankenkassen und Ärzten oder Arztgruppen werden größtenteils abgelehnt. (1)

Die Kassenärztlichen Vereinigungen (KV) und die Kassenärztliche Bundesvereinigung (KBV) stehen angesichts der Veränderungen massiv unter Druck. Sie zeigen sich inzwischen reformbereit und haben einen Vorschlag vorgelegt, wie sie sich eine reformierte ärztliche Versorgung in Deutschland vorstellen und selbst zu mehr Wettbewerb beitragen können. (2)

Medizinische Versorgungszentren schießen in Bayern und Berlin wie Pilze aus dem Boden

Die zunehmende Zahl Medizinischer Versorgungszentren ist vielen Hausärzten ein Dorn im Auge. Sie fürchten, dass sie ihnen ihre Patienten bei der ambulanten Versorgung wegnehmen. In einem MVZ versorgen unterschiedliche ärztliche Berufsgruppen ihre Patienten gemeinsam unter einem Dach. Chirurgen, Gynäkologen, Radiologen, Psychotherapeuten, Internisten, Urologen, Neurologen und Zahnärzte können sich dort ansiedeln und die Patienten fachübergreifend aus einer Hand versorgen. Und genau darauf zielte der Gesetzgeber ab, als er mit dem Inkrafttreten des Gesundheitsmodernisierungsgesetzes 2004 die MVZ ermöglichte. Für das gesetzgeberische Konzept der Medizinischen Versorgungszentren waren die ehemaligen Polikliniken der DDR Vorbild, die allerdings mit der Wiedervereinigung fast vollständig abgeschafft wurden.

Seither steigt ihre Zahl stetig an. Wurden im vierten Quartal 2004 bundesweit noch 70 MVZ gezählt, waren es Ende 2007 bereits 948. Das entspricht einer Steigerung um 42 Prozent im Vergleich zum Vorjahr. Insgesamt 4 006 Ärzte und Ärztinnen arbeiten in einem MVZ, 2 850 davon als Angestellte und 1 156 Vertragsärzte. Im Durchschnitt sind in einem MVZ in Deutschland vier Ärzte tätig. Zum Vergleich: 129 000 Ärzte haben eine eigene Haus- oder Facharztpraxis. Die meisten MVZ gibt es in Bayern und Berlin. In der Hauptstadt arbeitet nach Angaben des Bundesverbands Medizinischer Versorgungszentren (BMVZ) fast jeder zehnte Berliner Arzt bereits in einem MVZ oder in einer ehemaligen Poliklinik. Insgesamt 110 MVZ sind zwischen Ende 2004 und Ende Januar dieses Jahres in der Hauptstadt entstanden. Das größte Medizinische Versorgungszentrum Deutschlands ist das Berliner Polikum. Dort sind 76 Ärzte beschäftigt. Im Bonner MVZ am Friedensplatz arbeiten 22 Fachärzte. Das MVZ in Kassel, das Medikum, hat sieben medizinische Fachrichtungen. (3)

Gesundheitsexperten erwarten, dass in den kommenden Jahren Krankenhäuser verstärkt als Träger von MVZ auftreten und die niedergelassenen Ärzte schon bald als Betreiber von MVZ überholen werden. Sie werden dadurch die stationäre und die ambulante Betreuung miteinander vernetzen. Das ist in Deutschland neu. Bisher waren die ambulante und die stationäre medizinische Versorgung in der Regel getrennt die ambulante Versorgung übernimmt der Hausarzt oder ein Facharzt, wer stationär behandelt werden muss, geht in ein Krankenhaus. Inzwischen kaufen die Krankenhäuser Ärzten mit einer eigenen Praxis oftmals die Krankenkassenzulassung ab. Dies kann für den betroffenen niedergelassenen Arzt insbesondere dann verlockend sein, wenn er kurz vor dem Ruhestand steht und keinen Nachfolger hat oder nur schwer einen findet. Ein MVZ kann von allen Leistungserbringern gegründet werden, die zur medizinischen Versorgung der Versicherten zugelassen oder ermächtig sind oder per Vertrag an ihr teilnehmen. (4), (5), (6)

Die Vorteile eines Medizinischen Versorgungszentrums liegen auf der Hand: Für die Patienten stellt sich ein MVZ wie eine Gemeinschaftspraxis mehrerer Ärzte dar. Die Wege vom einen zum anderen Spezialisten sind kurz, gerade für ältere Menschen, die oft chronisch krank sind oder an mehreren Krankheiten leiden und nicht mehr so mobil sind, vereinfacht dies die ambulante Versorgung. Die Fachärzte in einem MVZ kennen sich untereinander und können sich bei Bedarf auf kurzem Wege absprechen und zusammenarbeiten. Moderne medizinische Hochleistungsgeräte sind für einen einzelnen Arzt oft zu teuer; von einer Medizinergemeinschaft in einem MVZ können sie leichter finanziert oder bezuschusst werden. Die Ärzte selbst sind oft in einem Angestelltenverhältnis in einem MVZ tätig und können beispielsweise von individuellen Arbeitszeitmodellen profitieren.

Krankenkassen rücken mit Call Centern näher an Patienten

Bei Herrn M. klingelt einmal täglich das Telefon. Dran ist seine Krankenkasse. Zuverlässig erinnert sie den 86jährigen chronisch Kranken, der allein in seiner Wohnung lebt, seine Pillen zu nehmen.
Eine derartige telefonische Gesundheitsberatung und kontrolle bietet beispielsweise die Deutsche Angestellten-Krankenkasse (DAK) ihren rund 10 000 Versicherten in Bayern und Baden-Württemberg an. Im DAK-Gesundheitsprogramm "Besser leben" werden Patienten mit Herzinsuffizienz, Koronarer Herzerkrankung, Diabetes und COPD telefonisch angesprochen, um sie zu einer gesundheitsbezogenen

Lebensführung zu motivieren. Die Anrufe tätigen Mitarbeiter des amerikanischen Call Center Anbieters Healthways in Hennigsdorf bei Berlin.

Derartige Call Center Programme kosten Geld Geld, das die Hausärzte gerne für sich in Anspruch nehmen würden. Viele sind daher überhaupt nicht begeistert über diese umtriebige Aktivität der DAK. Einzelne argwöhnen sogar, dass die Rolle des Hausarztes als "erstem Ansprechpartner" des Patienten geschwächt werde. Der Bayerische Hausärzteverband (BHÄV) warnt gar vor einer "Amerikanisierung" des deutschen Gesundheitssystems.
Befürworter hingegen sehen darin eine "sinnvolle Arbeitsteilung zwischen ärztlichem und nicht ärztlichem Personal", so die Kassenärztliche Vereinigung Bayerns. (5), (7)

Ärztemangel oder Ärzteüberschuss? ein Verteilungsproblem

Medizinische Versorgungszentren sollen in Gegenden, in denen es nicht genügend niedergelassene Ärzte zur Versorgung der Bevölkerung gibt, Abhilfe schaffen. Die

Kassenärztliche Bundesvereinigung (KBV) warnt vor einem Versorgungsnotstand. Ein dramatischer Ärztemangel zeichne sich ab. Es mangele an Nachwuchs, immer mehr Praxen fänden keinen Nachfolger und würden dichtgemacht.
Die Statistiker stützen dies allerdings nicht. Sie haben festgestellt, dass die Zahl der Mediziner in Deutschland nicht sinkt, sondern steigt. Seit Mitte der neunziger Jahre ist die Zahl der Ärzte um 16 Prozent angestiegen. Anfang 2007 gab es 136 105 ambulant tätige Ärzte, ein neuer Nachkriegsrekord. Europaweit gesehen ist die Versorgung Deutschlands mit Haus- und Fachärzten vorbildlich. Das Bundesgesundheitsministerium spricht von einer im internationalen Vergleich hohen Versorgungsdichte in Deutschland.

Die Verteilung hingegen ist ungleichgewichtig. Hier muss zwischen West und Ost differenziert werden. In den strukturschwachen Gebieten Ostdeutschlands sieht es tatsächlich teilweise düster aus. Die Hausärzte sind rar, auf einen Termin beim Facharzt muss der Patient oft monatelang warten. Viele Ärzte gehen in den nächsten Jahren in den Ruhestand bundesweit sollen es in den kommenden fünf Jahren mehr als 41 000 Mediziner sein. Nachfolger lassen sich nur schwer anheuern und nur wenige wollen auf dem Land oder gar in den strukturschwachen Regionen im Osten Deutschlands tätig sein.

Laut Ärzteatlas des Wissenschaftlichen Instituts der AOK hat Starnberg den bundesweit höchsten Versorgungsgrad mit 150 Prozent, gefolgt von Freiburg im Breisgau mit 146 Prozent und München mit 140 Prozent. In 24 Kreisen und Städten von Niedersachsen und Sachsen-Anhalt liegt der Versorgungsgrad hingegen zwischen 75 und 90 Prozent. (8), (9)

Fazit

Aus Patientensicht ist wichtig, dass die im Gesundheitssystem Deutschlands beteiligten Akteure auch in der Zukunft eine gute medizinische Versorgung der Bürger sicherstellen. Eine stärkere Flexibilisierung des Systems kann dabei nicht schaden, zumal beim Recht auf freie Arztwahl der Bürger selbst entscheiden kann, ob es für ihn besser ist, zum Hausarzt oder Facharzt zu gehen, ein nahe gelegenes Medizinisches Versorgungszentrum aufzusuchen oder sich in einer Klinik einer ambulanten Behandlung zu unterziehen. Ob die bayerischen Hausärzte mit ihrem Widerstand Erfolg haben werden, bleibt zunächst einmal abzuwarten.

Fallbeispiele

In Oberhessen machten Hunderte Ärzte mobil und brachten ein MVZ zu Fall. Die Ersatzkassen scheiterten mit ihrem Vorhaben, mit einem MVZ zu kooperieren. Denn wegen des starken Widerstands der Ärztebasis konnte das MVZ nicht genügend Verträge mit niedergelassenen Ärzten abschließen und somit die Versorgung der Region nicht sicherstellen. (10)

Der größte kommunale Klinikkonzern Deutschlands Vivantes will das Klinikum Prenzlauer Berg in Berlin bis 2011 in ein ambulantes Zentrum umwandeln. In Neukölln hat Vivantes bereits ein ambulantes medizinisches Zentrum zur Tumorbehandlung eröffnet. (11)

Weil sich in Sassnitz auf Rügen für die Praxis eines niedergelassenen Chirurgen kein Nachfolger fand, wird die ambulante chirurgische Versorgung auf Rügen fortan durch ein Medizinisches Versorgungszentrum der Sana-Klinik sichergestellt. Die drei angestellten Ärzte waren zuvor in eigener Praxis niedergelassen. (12)

Die Universitätsklinik in Dresden plant ein Medizinisches Versorgungszentrum für Ostsachsen. Es soll in Gegenden mit einem Mangel an niedergelassenen Ärzten die medizinische Versorgung sichern helfen. (13)

Zahlen & Fakten

- Wurden im vierten Quartal 2004 bundesweit noch 70 MVZ gezählt, waren es Ende 2007 bereits 948.

- Das entspricht einer Steigerung um 42 Prozent im Vergleich zum Vorjahr.

- Insgesamt 4 006 Ärzte und Ärztinnen arbeiten in einem MVZ, 2 850 davon als Angestellte und 1 156 Vertragsärzte.

- Im Durchschnitt sind in einem MVZ in Deutschland vier Ärzte tätig.

- Im Jahre 2006 gab es in Deutschland 311 230 berufstätige Ärzte. Das war ein Zuwachs von 31 Prozent gegenüber 1990.

- Davon waren 136 105 Ärzte in Arztpraxen tätig. Das war ein Zuwachs von 48 Prozent gegenüber 1990.

- 129 000 Ärzte haben eine eigene Haus- oder Facharztpraxis.

- Bundesweit sollen in den kommenden fünf Jahren mehr als 41 000 Mediziner in den Ruhestand gehen.

Weiterführende Literatur

(1) Zwiespältiges Echo auf Zweigpraxen
aus Ärzte Zeitung Nr. 65 vom 11.04.2008, Seite 7

(2) KBV und KVen sollen künftig stärker Profil zeigen
aus Ärzte Zeitung Nr. 37 vom 29.02.2008, Seite 7

(3) Anstellung ist für viele Kollegen reizvoll
aus Ärzte Zeitung Nr. 35 vom 27.02.2008, Seite 13

(4) Kassenärztliche Bundesvereinigung (KBV), Medizinische Versorgungszentren (MVZ), Aktueller Entwicklungsstand, www.kbv.de
aus Ärzte Zeitung Nr. 35 vom 27.02.2008, Seite 13

(5) GESUNDHEIT Mediziner im Dutzend
aus Focus, 17.03.2008; Ausgabe: 12; Seite: 47-49

(6) Interesse von MVZ bietet einige Chancen
aus Ärzte Zeitung Nr. 19 vom 05.02.2008, Seite 14

(7) Die drohende "Amerikanisierung" der GKV - bisher fehlen schlagende Belege für die These

aus Ärzte Zeitung Nr. 63 vom 09.04.2008, Seite 2

(8) Mangel im Überfluss
aus Der Spiegel, 31.03.2008, Nr. 14, Seite 34

(9) Dr. Ausgestorben
aus Handelsblatt Nr. 014 vom 21.01.08 Seite 10

(10) Ohne die Basis geht nichts!
aus Ärzte Zeitung Nr. 65 vom 11.04.2008, Seite 2

(11) Der Berliner Klinikkonzern Vivantes drängt immer mehr in die ambulante Versorgung
aus Ärzte Zeitung Nr. 49 vom 18.03.2008, Seite 2

(12) Angestellte Ärzte statt Freiberufler - erstes MVZ auf Rügen ist am Start
aus Ärzte Zeitung Nr. 44 vom 11.03.2008, Seite 11

(13) Uniklinikum Dresden will in Ostsachsen MVZ gründen
aus Ärzte Zeitung Nr. 42 vom 07.03.2008, Seite 8

Impressum

Ambulante medizinische Versorgung verändert sich - Hausärzte wehren sich gegen Medizinische Versorgungszentren

Bibliografische Information der deutschen Nationalbibliothek

Die Deutsche Nationalbibliothek verzeichnet diese Publikation in der deutschen Nationalbibliografie; detaillierte bibliografische Daten sind im Internet über http://dnb.d-nb.de abrufbar.

ISBN: 978-3-7379-2746-8

© 2015 GBI-Genios Deutsche Wirtschaftsdatenbank GmbH, Freischützstraße 96, 81927 München, www.genios.de

Alle Rechte vorbehalten. Dieses Werk ist einschließlich aller seiner Teile – z.B. Texte, Tabellen und Grafiken - urheberrechtlich geschützt. Jede Verwertung außerhalb der Grenzen des Urheberrechtsgesetzes bedarf der vorherigen Zustimmung des Verlags. Dies gilt insbesondere auch für auszugsweise Nachdrucke, fotomechanische Vervielfältigungen (Fotokopie/Mikroskopie), Übersetzungen, Auswertungen durch Datenbanken oder ähnliche Einrichtungen und die Einspeicherung und Verarbeitung in elektronischen Systemen.